L'édition originale de cet ouvrage
a été publiée à Londres en 1984
par Walker Books Ltd
sous le titre *Elephant Cat.*

Adaptation de Claude Lauriot Prévost
Loi 49 956 du 16 Juillet 1949
sur les publications destinées
à la jeunesse.
Dépôt légal Septembre 1984
8289
ISBN 2 226 02027 6
Imprimé en Italie

# SI J'ÉTAIS UN ÉLÉPHANT

Nicola Bayley

Albin Michel Jeunesse

Si j'étais
un éléphant
plutôt qu'un chat,

je marcherais
avec mon troupeau
au milieu de la forêt,

je serais si fort
que je pourrais
pousser les arbres,

je porterais
sur mon dos
la plus belle des selles,

j'aurais
d'énormes oreilles
qui battraient au vent,

je posséderais
une gigantesque trompe
pour appeler mes amis,

mais je serais peut-être
forcé de me baigner
comme les éléphants,

et alors,
je redeviendrais vite
le beau chat
que je suis.